Sebastian Stranz

Die Seerose

Gedichte 2011-2024

*Bibliografische Information der Deutschen Nationalbibliothek:
Die Deutsche Nationalbibliothek verzeichnet diese Publikation in der
Deutschen Nationalbibliografie; detaillierte bibliografische Daten sind im
Internet über dnb.dnb.de abrufbar.*

Impressum

Text und Bild:

www.werde-heil.de
Herstellung und Verlag:
BoD – Books on Demand,
Norderstedt
ISBN: 9783759769930

Inhalt

Seva, Bhakti und Ahimsa

Seva, Bhakti und Ahimsa, sie geleiten
durch das Leben und verwandeln wirres Streben
zu der Brücke über wirren Meeresweiten
hin zum goldnen Ufer von dem wahren Leben.

Seva, Bhakti und Ahimsa, sie entzünden
die Glückseligkeit, die auflöst alle Sorgen,
die vom Ego ausgehn, in das Ego münden,
um das Glück der Welt, um gestern, heut‘ und morgen.

Seva, Bhakti und Ahimsa, sie verbinden,
was doch oft getrennt durch die Meditationen,
lassen jene Einheit endlich wiederfinden:
Geist und Leben, von dem Tun mit den Visionen!

Seva, Bhakti und Ahimsa lassen schauen,
was das Ziel ist unsres Alltags hier auf Erden:
heute mit an Gottes Königreich zu bauen,
das auf ewig wir dereinst bewohnen werden.

2011

Meditation

Die Zeit wartet draußen vor der Tür
– es gibt Wichtigeres zu tun:
fortwährend für und für
immer tiefer in sich selbst zu ruhn.

Das Mysterium ergründen,
das große Wunder endlich finden,
dass der, der über allem thront,
im tiefsten eignen Innern wohnt.

Atem und Silben werden zu Flügeln,
tragen über den Gedankenhügeln
hindurch durch die Wolken der Sorgen
direkt in den erwachenden Morgen.

07.08.2016

Kaffee

Kaffeetrinker leben auf der Überholspur.
Teetrinker lieben die Natur.
Kaffeetrinker müssen immer Leistung bringen
und sich zu ständigem Wachsein zwingen.
Müdigkeit ist nicht vorgesehen,
auch wenn die Zellen nach Erholung flehen.

Wenn sie sagen, man hat wach zu sein,
hat der Körper sich zu fügen drein.
Kaffeetrinker haben noch immer ihre Kolonien,
wo die Eingeborenen für sie schuften auf Knien.
Sie haben das Recht, weil sie am allermeisten
auf der Erde für die Menschheit leisten.

Noch viel tiefer liegt der Kern der Wahrheit
– seid ihr für den Kern bereit?
Jene, die ein Leben lang
Jeden Morgen ihren Kaffee trinken wacker,
leben in einem armseligen Zwang:
Sie haben keinen Zugang zu ihrem Amritaka,

dem Götternektar, der aus der Zirbeldrüse fließt
und uns den Morgen, den Tag, das Leben versüßt.
Statt einen Kaffee ein Pranayama machen,
und die Zirbeldrüse kann erwachen,
schenkt uns die Lebenskraft von innen,
und DAMIT kann der Tag beginnen.

2020

Das Erbe des Herrn

Hinabzusinken, abzulegen
auf der Stille wunderlichen Wegen.
Einzutauchen in den Heilstrom,
aufzuwachen im lichtdurchfluteten Dom.

Das Geschenk, das Er hinterlassen,
immer tiefer zu erfassen.
Auf den Flüsterton des kosmischen Rufes hörn.
Ohne Meditation fehlt dem Glauben der Kern.

Du spürst die Erlöserkraft pulsieren...
Gib dich ihr hin, dann kann sie dich führen.
Sein Erbe von Golgatha vor so langer Zeit,
Sein Erbe steht als Heilstrom heut‘ für dich bereit.

25.11.2022

Der Weg des Dienens 1

Wenn das Leben soll gelingen,
und es soll dich vorwärtsbringen,
so wisse nur, es gibt
für den, der Gott den Schöpfer liebt,

einen Königsweg des Dienens,
nicht des Opfers, nicht des Sühnens,
es keine Gebetskette braucht,
wenn das Gebet im Wind verraucht...

Er kann dir die Wege weisen,
durch das Leben heim zu reisen,
dass, in Materie verstrickt,
dennoch dein Seelenweg dir glückt.

Ihm, dem Herrn, im Nächsten leben,
Ihm im Nächsten alles geben,
dem Herrn im Nächsten zugetan –
so fängt schon heut dein Heimweg an.

Viele Wege stehen offen,
auf das Geld, auf Ruhm, auf Liebe hoffen.
Wir suchen nach Fortunas Gunst
mit Handwerk, Macht, Familie, Kunst.

Gütig kann die Welt ihn führen,
nichts kann er in ihr verlieren,
der alles diesem Dienst verschreibt,
dem nichts als seine Liebe bleibt.

28.10.2023

Meditieren heißt Sterben

Du steigst nun in dein Grab,
die Welt fällt von dir ab.
Die enge, dunkle Höhle –
das Tor zu deiner Seele.

Der Leib zur Einkehr aufgebahrt,
die Seele auf das Wunder harrt.
Im Labyrinth von den Gedanken
will mehrmals noch das Wunder wanken.

Doch wie aus einem Ei
schälst du das Wunder frei,
willst du nicht mehr dem Grab entfliehn,
willst dich zurück ins Dunkle ziehn,

dann wird das Grab auf einmal weit,
das Wunder dich zuletzt befreit,
das dunkle Grab ist's Tor zum Licht,
die Enge dir zum All aufbricht...

10.11.2023

Die Sanduhr des wahren Lebens

Er muss wachsen, ich muss schwinden,
kann ich ins Leben finden.
Das der Weg der Liebe heißt,
den die alte Schrift uns weist.

Sich zu Ihm nur zu bekennen,
Seinen Namen ständig nennen,
kann die Sanduhr nicht einleiten,
kann zum Leben nicht bereiten.

Will die Liebe dich verzehren,
kann das Ich sich nicht mehr wehren.
Was dir schwerfiel, früher, sieh,
gelingt dir plötzlich ohne Müh.

Er führt dich zum reinen Leben,
Er will deine Andacht heben.
Ist des Christenweges Lauf:
Er wird stärker – du gehst auf.

Das TamTam, die frommen Lieder,
von Ihm sprechen immer wieder:
In den Kirchen man nur schweift,
bis die Sanduhr dich ergreift.

Er muss wachsen, ich muss schwinden –
zum Mysterium zu finden.
Dafür es nicht Worte gibt,
was geschieht dem, der Ihn liebt.

14.11.2023

Die größere Liebe

Du erfährst die Liebe,
die dich will heben.
Über die versäumte Liebe
in deinem Leben

ist verblasst das Sorgen.
In dir erwacht
strahlend hell ein neuer Morgen,
der ewig scheint und lacht.

Zu der größren Liebe du gefunden.
Warum an den Planeten halten,
da dein Herz will nun gesunden
und lassen Sterne in dir walten.

08.12.2023

Der Weg des Dienens 2

Immer bin ich auf der Suche nach Erleuchtung gewesen,
immer hab ich für die Erleuchtung gelesen.
Für Erleuchtungsbücher war ich offen
und wollte mit der Welt schon brechen.
Doch hat auch das Buch des Lebens mich noch angetroffen –
Gott selbst wollte durch die Welt zu mir sprechen.

Er sprach zu mir, er sagte, diene:
Diene mir im Menschen – und nicht: sühne.
Dein Ego löst du dienend auf,
brauchst dich nicht kasteien.
Nicht sühne – das ist der natürliche Lauf,
der kann Flügel dir verleihen.

Die Energien durchs Dienen aktivieren,
nicht im Meditieren sich verlieren.
Jeder Tag wird seinen Sinn erfüllen,
du durchbrichst sein Geheimnis-Siegel,
kann dir etwas über dich selbst enthüllen,
denn dein Nächster wird dir zum Spiegel.

Diesen Weg des Dienens habe ich durchschritten,
diesen Weg des Dienens habe ich durchlitten.
Nicht leicht zu jagen durch der Welten Hatz,
nicht leicht, sich auf diesem Weg zu schinden.
Immer heißt es Kampf darum, mal seinen Platz
im Leben, in der Welt zu finden.

Doch, ja, bitte lasst euch sagen,
dieses Kreuz des Dienens treu zu tragen,
ist ein Weg, der tausendmal die Mühe lohnt,
mag die Erleuchtung sich auch lange winden
sich preizugeben, obwohl sie in dir wohnt,
führt durchs Dienen Meditieren zum Sichfinden.

24.12.2023

Werde du selbst – der Weg zum Erfolg

Wären wir nicht ganz bereit
Zu verändern die Struktur,
würden wir die Lebenszeit
doch verschwenden nur.

Nur bereit zu sein zu wandeln sich,
könnte den Erfolg bereiten –
glauben wir und irrtümlich
lassen wir uns davon leiten.

Glauben, unser Heil würd' darin liegen
doch ein andrer Mensch zu werden.
Kein Erfolg entspringt solchem Verbiegen
in der kurzen Zeit auf Erden.

Nur die eigene Struktur zu leben,
tiefer in sie reinzufinden,
kann das Leben höher heben,
hilft den Mangel überwinden.

Dieser Weg, den Lebenslehrer lehren,
an ein Muster sich doch anzupassen,
wird unsren Weg ja nur erschweren –
und wir müssen davon lassen.

Wenn wir nicht daran sind zu erkennen,
was die eignen Muster sind,
welcher Lebensplan will in uns brennen,
sind wir für das eigne Leben blind.

Von den fremden Mustern abzulassen,
heißt dann mehr die innre Führung sehn
und die eigne tiefere Struktur erfassen
und dann in ihr aufzugehn.

26.01.2024

Der Gral

Es war des jungen Ritters Ziel,
als Held den goldnen Gral zu finden,
mit Mut, mit kühnem Ehrgeiz viel
sich für das hehre Ziel zu schinden.

Der gute seltne Same sein –
und nicht unnütz zertrampelt werden,
nicht unter Dornen ganz allein
geraten in dem Kampf auf Erden.

Es war des jungen Ritters Traum,
den Becher selbst einst zu berühren,
der Welten Lauf als bunten Schaum
nicht lassen seine Seel' verführen.

Die Welt mit ihrem Angebot
voll Stolz nur eisern zu verachten,
nur hinter Weltenschaum und Tod
nach jenem goldnen Gral zu trachten.

Der alte Ritter schließlich fand
nach Mühen, Opfern, Kämpfen, Ringen
den Brunn' des Heils, sein Sehnsuchtsland,
des kühnen Wegs verdient Gelingen.

Geschieht im stillen Kämmerlein
und kein Posaunenchor erschallet,
wenn in dem Seelengrund ganz fein
der Strom des Heils auf ewig wallet.

Ein unaussprechlich süßer Lohn
harrt des Christen Sehnen, Ringen,
kann diese Welt mit Locken, Drohn
ihn nicht von seinem Weg abbringen.

Doch hätt‘ der junge nie gedacht,
auf was der alte Ritter schauet,
welch Opfer er dafür gebracht,
was ihn von innen neu erbauet.

Im Außen Liebe, Wohlstand, Geld,
Erfolg und Ruhm – alles verloren,
damit im Innern jene Welt,
die ewig währt, wird neu geboren.

Sogar Gesundheit, jenes Gut,
das noch der Reichtum ist der Armen,
hat seines Lebens wilde Wut
genommen ihm ohne Erbarmen.

Er weiß, wär's Abendland so hell,
so überragend über allen,
wie es behauptet, und so kulturell –
so hoch wär' der Tribut nicht ausgefallen.

Der wahre Christ ein Fremdling ist,
noch immer, und die Welt verachtet,
wonach er auf der Suche ist,
das Gralsziel, das den Sinn ihm brachte.

Der Schatz, den diese Welt nicht will,
wird von dem Ritter einst gefunden.
Die Welt, sie kümmert's nicht, bleibt still –
doch kann die Seele nun gesunden.

01/2024

Gefallener Engel

Als Engel eine Lichtgestalt,
erfüllt mit mächt'ger Himmelsgewalt,
beliebt und scheu verehrt bei allen –
und doch ist kläglich er gefallen.

Von Himmelsweisheit angefüllt
und vom Geheimnis fremd verhüllt,
vom großen Nimbus umgeben sein –
und doch verloren im KleinKlein.

Das große innre Licht
bewahrt vor äußren Fehlern nicht.
Der Engel will den Wahn zerstören –
nicht zu den Menschen zu gehören.

Vielleicht, so ganz tief innerlich,
muss selber er entzaubern sich,
muss unbewusst den Nimbus schleifen –
um, ja, zum Menschen ranzureifen.

09.01.2024

In Seinem Werk dienen

Wir können Kathedralen baun,
weltumspannende Orden gründen,
Ihm unser Leben anvertraun
und uns lossagen von allen Sünden.

Wir können ins Kloster gehn,
rund um die Uhr Kranke pflegen,
Jahrzehnte studieren, um zu verstehn,
Jahrzehnte beten für Seinen Segen.

Gemälde erschaffen, Choräle komponieren,
pilgern bis ans Ende der Welt,
in der Welt verstoßen sein, alles verlieren:
Stellung, Ansehn, Liebe, Geld.

Alles das kann nicht genügen,
kein Preis ist hoch genug für Dich,
um im Lebenskampf zu siegen:
Kein Mensch erkauft Dich so für sich.

Wollen wir es doch erfassen:
Er hat die Schöpfung komplett gemacht!
Unsre Eitelkeit mal lassen,
für das Werk, das wir vollbracht.

Liebe gläubige Bundgenossen:
Alles kommt doch nur vom Herrn!
In Ihm ist unser Werk beschlossen.
Folgen wir Ihm einfach gern.

Ihm folgen, sich Ihm anvertraun,
egal, was kommt dabei heraus.
Ihm dienen, für Ihn das Haus erbaun,
führt uns dereinst zu Ihm nachhaus.

01.02.2024

„Heil“ ohne „Mittel“

All die Krankheiten, die nicht sein müssten,
wenn die Menschen doch nur wüssten
um die Gesetze des Lebens,
um das Heil des innren Strebens.

Mit der Schöpfung einszuwerden
in der kurzen Zeit auf Erden,
immer mehr nur zu erfüllen
einfach nur den göttlichen Willen.

Ernährung, Bewegung, Meditieren,
mit den Mitmenschen zu harmonieren:
Der Weg des Heils – leicht zu erfassen.
Warum nur hab’n wir ihn verlassen?

Ärzte sollen heilen, die den Weg nicht kennen?
Wie konnten wir uns so verrennen?
Wann wolln wir das Einfache erkennen?
Für den Heilsweg wieder brennen?

Nicht die helfen wolln verfluchen,
die nach dem rechten Heilmittel suchen.
Nicht mehr in Krankheiten sich winden –
zum „Heil“ ohne „Mittel“ finden!

01.02.2024

Per aspera ad astra

Alles tut weh
im linken Brustkasten.
Schmerz, o geh!
Schlaf – befreie mich von diesen Lasten!

Doch hindurch muss ich
durch diesen Schmerz.
Alles quält mich
rund um das Herz.

Nerv eingeklemmt?
Schulter verhoben?
Das Herz gehemmt?
In die Gürtelrose verschoben?

– Krebs hast du!
Hast ihn nicht wegmachen lassen!
Ein Narr bist Du:
Nun musst den Körper dem Schmerz überlassen.

Der Krebs bricht auf,
produziert Schmerz um Schmerz.
Nun nimmt es seinen Lauf.
Der Herd – es ist das Herz!

Vom Schlaf wieder ausgespuckt,
gibt es nur einen Weg, ich weiß:
dem Schmerz ins Antlitz geguckt!
Das Schmiedefeuer wird jetzt heiß.

Händel, Yeshua-Meditation und Aloe –
die Ärzte kennen das Rezept nicht –
Brüllen und Wimmern zur Oboe –
durch das Schwere zu dem Licht!

Das seelische Leid war eingemacht,
im Krebs gebunden,
zum Glück in die Gürtelrose entfacht –
sie ist der Ausgang zum Gesunden!

Das Seelische wird onkologisch,
das Onkologische wird kardiologisch,
das Kardiologische wird histologisch,
das Histologische wird dermatologisch.

Die Gürtelrose lässt mich brüllen,
ich krümme mich vor Ihm nieder,
ich gebe mich in Seinen Willen –
und brülle dagegen an wieder und wieder.

Mehr Verzweiflung als Glauben spüren...
Doch Seine Hand der Liebestrahlen
will mich zu meiner Seele führen –
es wird ein Wimmern der Seelenqualen.

Das Wimmern wird ein Wimmern der Wonne:
Ich kann mich zu Ihm erheben!
Hinter den Wolken scheint die Sonne!
Hinter den Schmerzen ist das Leben!

Der chronische Krebs war ohne Schmerzen,
die Ärzte wollten ihn „wegmachen".
Ihn Auflösen, wie es rief aus dem Herzen,
hieß die akuten Krankheiten entfachen!

Mediziner und Heiler zwei Lager sind.
Doch lassen wir den Heiler in uns machen,
unterdrücken wir nichts und werden Kind
und wolln durch den Schmerz zu Ihm erwachen!

Der Krebs beendet das menschliche Leben,
wolln uns die Ärzte drohend sagen.
Der Krebs kann uns zum wahren Menschsein erheben –
wenn wir es Ihm zu folgen wagen!

09.03.2024

Der Schmetterling

Der Schmetterling der Leichtigkeit,
durchschienen vom Himmelblau
– und voll Vertrauen und Gelassenheit –
fliegt über reicher Blütenau.

Nicht wollen oder Ziele erreichen,
nicht irgendetwas strebsam tun.
Die Freude stellt die Flugbahn-Weichen,
voll Freude nur in sich zu ruhn.

Das Raupenstadium überwunden,
durchschritten den Kokon voll Schmerz.
Nach Krankheit kommt nun das Gesunden,
nach Disziplin zählt nun das Herz.

Als Raupe zählt das Wachsenwollen,
im Kokon die Wandlung zählt.
Ein Bergmann sich in dunklen Stollen,
durch seine Schicht ins Helle quält.

Nun ist's getan – und all das Streben:
Im Schmetterling ist es erfüllt.
Der Schmetterling darf einfach leben.
Sein Wesen ist ihm nun enthüllt.

27.04.2024

Warum „christliches Yoga"?

Vom verbotenen Weg zu kosten,
vom Weg aus dem unheimlichen Osten...
Doch die Wahrheit kennt nicht Ost noch West,
diese Kategorien vergessen lässt.

Nicht folgen östlichen Meister-Hierarchien,
nur vor Christus niederknien.
Doch ist langer christlicher Suche Lohn
die Mantra-Pranayama-Meditation.

Meditation wäre „östlichen" Yogas Mitte?
O ihr Christen erkennet bitte:
Es will das mystische Christentum uns weisen,
durch die Stille in das Herz zu reisen.

Das Gebet, das uns in eigner Sprache rührt,
zum Herzensgebet der Orthodoxen führt.
Der Sanskritbegriff ist „Mantra",
ein Sanskritbegriff ist „Yoga".

Sind nur Begriffe, nicht andre Wege.
Du treuer Christ, so überlege:
Wer dem Ast „Herzensgebet" nachspürt,
wird zum Stamm „Ruhegebet" geführt.

– Überliefert von den Koinobiten,
christlichen Mönchen aus Ägypten:
Die „Mantra-Pranayama-Meditation“
gab es bei den frühen Christen schon!

„Pranayama“ – Beherrschung der Lebenskraft,
welche allein dem Mönch den Frieden verschafft.
Das „Ruhegebet“ ist bloß das deutsche Wort,
doch geht’s um den gleichen inneren Ort!

Darum muss „christliches Yoga“ möglich sein:
Wachsen wir ins Herz des Christentums hinein,
werden wir zum Ruhegebet und zum Dienen finden,
werden wir „Dhyana“ und „Seva“ finden.

Wer das „christliche Yoga“ vom Teufel nennt,
das Herz des christlichen Weges kennt?
„Meditation“ und „Seva“ solln uns spalten,
anstatt sich an die EINE Wahrheit halten?

Latein… Sanskrit… – egal, welche Sprache man gelten lässt:
Die Wahrheit kennt nicht Ost noch West!
Auch Sanskrit kann helfen zu verstehn,
den EINEN Weg zum Herrn zu gehn!

06.05.2024

Seine Kraft weht um die Erde

Die Mär der Kirchen widerlegen,
sie könnten die Erlöserkraft umhegen,
auf die Gläubigen beschränken,
nur ihre Schafe damit tränken...

– Die Erlöserkraft durchströmt das All!
Sie kehrt um den alten Fall,
kann alles wieder zum Geist erheben –
durchströmt in Wahrheit alles Leben!

Sie ist wirksam in allem Sein.
Sein Blut wasche den Gläubigen rein? –
Das ist verdrehte Priesterlehre,
gibt der Größe der Erlösung nicht die Ehre.

Golgathas kosmisches Geschehen
lässt Seine Kraft um die Erde wehen,
in die Herzen derer, die's begreifen –
UND derer, die in der Welt noch schweifen.

Erpressungsbotschaft, wir müssten daran glauben,
will dem Geschehn die Seele rauben.
Wir müssen den Weg der Liebe gehen!
Dann wird JEDE Seele einst verstehen!

Er hat's getan, wir kehren ALLE zurück
in das große himmlische Glück.
Keiner ist verdammt, ist der Erlösung Sinn,
sie führt ALLE wieder zum Vater hin.

07.07.2024

Die Seerose

Mitten auf dem See zu baden
und versinket sicher nicht.
Wasser kann ihr niemals schaden,
zugewandt nur stets dem Licht.

Dunkler Abgrund schrecket nicht,
wenn sie sich nicht gegen wehrt.
Zugewandt nur stets dem Licht,
schadet's nicht, o nein, es nährt.

Ausgerichtet auf die Sonne
ordnet sich die dunkle Welt.
Was verschlingt, wird so zur Wonne,
hilft zum Wachstum und erhält.

Chaos formt sich still zur Blüte.
Wenn man sich nicht drin verstrickt,
wird das Drohende zur Güte.
Zum Licht gewandt das Leben glückt.

23.07.2024

vom Autor erschienen

(Auswahl)

- *VJM, Veganismus, Jogging, Meditation – Der Königsweg*
  Books on Demand, Norderstedt, 2020/2024

- *Christliche Erleuchtung*
  Books on Demand, Norderstedt, 2024

- *Kleine Kosmologie*
  Books on Demand, Norderstedt, 2023

- *Warum wir Jesus weiterhin brauchen*
  Books on Demand, Norderstedt, 2023

- *Christliches Yoga – Irrweg oder Chance?*
  Books on Demand, Norderstedt, 2017/2023

- *Yeshuas Heilstrom*
  Books on Demand, Norderstedt, 2021

- *Christus wiederentdecken – Befreit von alten Dogmen zu den Wurzeln der eigenen Kultur finden*
  Books on Demand, Norderstedt, 2017

- *Karol, der Weißmagier*, Roman
  Books on Demand, Norderstedt, 2013

www.ingramcontent.com/pod-product-compliance
Lightning Source LLC
La Vergne TN
LVHW041524190726
843491LV00009B/2894

* 9 7 8 3 7 5 9 7 6 9 9 3 0 *